LA VIBRACIÓN DEL MUNDO

ÆREA | *carménère*

Ramiro Gairín

La vibración del mundo

861   Gairín, Ramiro
G   La vibración del mundo / Ramiro Gairín
       -- Riells i Viabrea : RIL editores-Ærea |
       Carménère, 2025.

       56 pág. ; 23 cm.

       ISBN: 978-84-10248-66-3

       1 POESÍA ESPAÑOLA. 2 LITERATURA ESPAÑOLA.

Ærea | *carménère*

Serie fundada por Eleonora Finkelstein y Daniel Calabrese
Edición al cuidado de Paco Najarro

LA VIBRACIÓN DEL MUNDO
Primera edición: septiembre de 2025

© Ramiro Gairín, 2025

© Ærea, 2025

Un sello de RIL® editores
SEDE SANTIAGO DE CHILE: Los Leones 2258 • CP 7511055 Providencia
☾ (56) 22 22 38 100 • ril@rileditores.com • www.rileditores.com

SEDE VALPARAÍSO • valparaiso@rileditores.com

SEDE ESPAÑA • europa@rileditores.com

Composición e impresión: RIL® editores
Diseño de colección: Marcelo Uribe Lamour
Imagen de portada: Annie Spratt

Impreso en España • *Printed in Spain*

ISBN: 978-84-10248-66-3
Depósito Legal: GI 1438-2025

Para Iago

Para Sheila

SALA DE ESPERA

Sopa juliana

Me gusta cocinar
con luz de la campana.
La cazuela y la tabla
de cortar enfocadas
—la escena principal—
y quede lo demás en la penumbra.
Fuego lento y silencio.

Para escucharte al fondo de la casa,
recogiendo la ropa,
ordenando el armario,
tararear, mezclada tu canción
con la de nuestros lares,
que esto nos saldrá bien a la primera.

LA SALA DE LOS CORAZONES

Quizá toda la angustia
del hospital se drena en esta sala
que espera cuando algo no va bien.

A los niños que salgan adelante
les contaremos cómo fue vivir
en esta distopía
sin épica ninguna.
Cómo las mascarillas espesaban
la lengua de los ojos.
Cómo entraban las madres solas
a escuchar la sentencia.

Pero también que, a cada rato,
exagerados por los altavoces,
como un viento cosiendo las distancias
malditas de seguridad,
tronaban los latidos de los fetos,
dormidos en su líquido,
hasta que al padre hallaban aquí fuera.

Esto es lo que pudimos oponer:
un nuevo ejército de vivos.

DE CUANDO EL MAR TE CONOCIÓ

Aquí atardece y es febrero.
Sobre los pinos tiende el cielo
esas nubes, soltadas en verano
en alguna otra parte,
que se traen el color de las granadas.

He soñado esta noche
quizá con el momento decisivo:
arrimarme a la orilla,
llenar de agua salada
el cuenco de las manos
y echártela en los pies.

Y no te has asustado.
Recuerdo que reías.

He convencido al mar
para que se acercara a conocerte.

El mar que siempre te fascinará
porque, como nosotros,
vas a venir al mundo tierra adentro.

Ese mar que ahora mismo estás oyendo
en la carne del cuerpo de tu madre.

REGISTRO

Primero edificamos el amor;
a la intemperie, sobre el parteaguas
(*nombre del padre, nombre de la madre*),
acarreando tiempo,
creando nuestra propia geografía
(*los titulares de este libro*
han contraído matrimonio…).

Nos hicimos también con esta casa
(*dirección, ciudad, código postal*);
una nave espacial que aterrizamos,
que pusimos a prueba
(*cuota fija, consumo bimestral*),
que llenamos de huecos, suelo, escamas,
arañazos que forman un celaje.

Y aquí, y con nosotros,
pues has llegado tú
siguiendo el rastro de las migas,
hasta donde la vida determine,
vivirás
        (*hijo: nombre y apellidos*).

PUERPERIO

ECOGRAFÍA

Media hora de llanto inabarcable;
la impávida expresión
de médica y radióloga;
el eco del trajín del hospital
como si acontecieran
además otras cosas.

Y un escueto «Al final de la mañana
tendrán los resultados.
En la séptima planta.

Ya lo pueden vestir».

Ser padres es aprenderse también
la escala del terror.

LEONES JUGANDO

Mamá descansa en otra habitación.
El tiempo nunca más va a dividirse
en días laborables y festivos.
Ya nunca más será la vida
la tarde de un domingo.

Pensaba en aquel juego
de un león y su cría
cuando se complicó el final del parto.
Sus mordiscos, sus garras,
cuando tú no podías recorrer
esos treinta centímetros
y yo contaba cuántas
veces treinta centímetros sumaba
de baldosa en baldosa,
inerme al otro lado de la puerta.

Doy por bueno el camino.
Ahora, aquí, a las dos de la mañana,
ya no vale asomarse: hay que tirar los dados.

LA TAREA

Sujetar la cabeza del bebé,
he ahí la tarea decisiva.

Velar la formación del Universo,
salvar lo único tuyo que tendrás,
el manantial que explique la mirada.

La cepa de la luz.

Y también el lugar donde quizá
nos sigamos cumpliendo
cuando ya no seamos.

Nuestro punto de encuentro en el futuro.

MÁS ALLÁ DE ORIÓN

Olerlo. Tumbarme a su lado
y olerlo. Dejarle que me pellizque,
que con su balbuceo me interpele,
perdido en los arcanos del lenguaje.
O que me pruebe, incluso la nariz,
sin despegar los párpados.
Y olerlo así también.

Pues todo lo demás puede grabarse
con cualquier última tecnología,
copiarlo, conservarlo
en los dispositivos inventados,
empapelar la casa.

Pero se perderán estos olores
como lágrimas en la lluvia.

Como el tiempo marino de su estirpe,
como el olor hilado de su madre
(a vida abierta por la vida,
a planeta que muda su corteza)
oliéndolo a mi lado.

VALLE DE BUJARUELO

Aquí queda esta luz
de finales de mayo
cerca del mediodía.
El valle la custodia.

Vendremos a menudo
y nos verá crecer.
Y nos enseñará
a mirarla y a ser
objetivos del sol.

La luz que nos ha ungido,
que nos ha dicho: «Id».

El olivo

Al futuro lo he dejado atrás
Fangoria

Con tu llegada, hijo,
he perdido los miedos,
aunque digan que ocurre lo contrario.
Ya no me asusta nada;
que la vida disponga
y yo lo acataré.

Hoy sé que la alegría es un oficio
y que lo aprenderás con nuestro ejemplo.

Pero miento. Igual que aquellos galos,
solo temo una cosa: que este cierzo
tan bruto de las noches
de otoño en la terraza,
que a veces no me deja ni dormir,

nos descuaje el olivo que plantamos,
para verlo crecer contigo,
unos días después de que nacieras
(recuerda que tu madre tiene
siempre magia en las manos).

También a él le queda
muy grande todavía la maceta.

FAMILIA

MAMÁ

Te he visto vomitar por el cansancio,
la cabeza te duele muchos días
y a veces la mirada se te vuela
de los ojos igual que en el poema
que te escribí en las horas más oscuras.

Pero de tu calor queda al cuidado
la suerte del Aleph, y has descubierto
la forma de salirte de ti misma
con la sabiduría de quien bebe
del venaje que da fuente al amor.

Nuestra vida ha pasado a mejor vida
y ahora nos ganamos el más alto jornal.

FIEBRE Y CREACIÓN

Te ha hecho reacción esta vacuna,
ha subido la fiebre a treinta y nueve.
Hacemos piel con piel de madrugada,
usamos paños húmedos y fríos.
Lloras, y trajinamos en silencio.
El pecho lo rechazas.

No pido que esto acabe pronto,
te vas a poner bien.
La ciencia está actuando,
lo mejor que dejaron
quienes nos precedieron.
Los pasos de gigante de la especie.

Sí reclamo a la noche que prepare
detallada por horas la factura.
El precio es no poder estar más vivos:
nosotros, al cuidarte;
tú, porque te construyes.

Los últimos hilos

Varios años despúes, hemos colgado
unas cuantas cortinas
en las habitaciones que faltaban.

Como si te esperásemos
para tejer los últimos
hilos de la crisálida.

Para perfeccionar
el estadio de pupa
y, a salvo del rigor de lo que espera,
aquí dentro,
        parar,
            detener la metamorfosis,

ya, por fin, para siempre aparecernos.

Llueve sobre los concesionarios de las afueras

Ya llegó el otoño
con sus manos largas
Carlos Reviejo

Es tu primer otoño.
No acostumbra a tratarnos bien.
Regresan los crujidos, la fatiga,
se lleva algunos nombres.

Están las oficinas de repente
todas en las afueras.

Pero se justifica así el verano;
aquí a la primavera
se le queman los bordes
y la vida te escribe.
Aquí se aprende, dicen
los que han estado al otro lado.

Guardaremos las cartas,
impregnadas de humuvia,
porque a veces se pueden contestar.

No estaba lejos, no era difícil

El cuento que en la mano grande tiembla,
que inexplicablemente se sostiene.

Sombras de los juguetes que de día
cobran vida a los pies de nuestra cama.

En la piel que comparten madre e hijo,
que se vuelve frontera derretida,
el silencio de un bosque
ocupado en sus ruidos.

La cena, preparada, enfriándose.

Decembrina

Un color para cada
día de la semana.
Un cereal y un árbol.
Un mapa de virtudes cardinales
para orientar los pasos.
Tenemos ya en la mesa el calendario
del año que se acerca.

Está todo en reposo.
Se diría que no se escucha nada,
que no se mueve nada.
Pero tú estás inquieto,
te revuelves sonámbulo, te quejas.

Todo conspira para que despiertes,
todo eso que parece descansar.
Te agita su energía.
Tal vez porque las cosas,
la vida, te previenen:
no vayas a perderte por tus sueños.

MUY POCAS COSAS

Es dieciséis de enero, un domingo,
y aún no dan las cinco de la tarde.
Apenas se ve a nadie en la pradera;
dos familias jugando con sus perros,
tres muchachas que tocan la guitarra
y se hacen grabaciones.
Los hechos, los afanes,
despiertan del letargo navideño.

Te enseñaré muy pocas cosas,
quiero haberlo aprendido para entonces.
Tan solo, ojalá, a sentir la alegría
de ver vivir a un animal minúsculo,
a conocer por su rumor los árboles,
a comprender a tiempo lo sencillo.

A dar con la hermosura y sus verdades:
este paseo sobre hierba helada,
atento tú a los pájaros que escapan,
a las ramas desnudas que nos cantan,
sereno en la mochila de porteo,
mientras te explico yo por qué
alguna vez vendremos los dos solos.

Con el sol despidiéndose y el frío,
como un gato al que nadie le hace caso,
dándonos topetazos.

TANTO MUNDO

Todavía no dices palabras.
Las Tablas amenazan,
vas detrás de la media.
Pero cuando te hablo sí me miras
con esos dos espejos
tan grandes, de un color tan concentrado
que parece difícil de llenar.

Al mismo tiempo acero
y plata de la luna,
dice el libro que a ratos voy leyéndote.
Al mismo tiempo polvo milenario
y el soplo antes de todo.

Quizá por eso pides que repita
todos los cuentos una y otra vez.

Ojalá alcances vida suficiente
para colmar de capas
ese profundo abismo;
que lleguen hasta aquí, hasta el cristal
que toca el aire.

Ojalá los primeros sedimentos,
estratos que a tus padres corresponden,
aguanten tanto mundo.

Parque grande

Ves por primera vez partir al día,
avanzar desde lejos a la noche.
Ves agua de colores,
la luz cayendo en gotas.

No parece fijarse nadie en esto:
podría verte, quien quiera mirar,
entrando en el misterio hasta la entraña.

Cachorro de los plátanos de sombra,
a las primeras veces convocados.

Y que, tan tiernamente,
sin dañar al verano,
alzan la oscuridad.

El río del futuro

De natura deorum

Cuando el poema acierta,
cuando sé que he encontrado las palabras
que venía a buscar,
sé también que algo malo
va a suceder a cambio.

Y sucede en el cuerpo de mi hijo.
Una noche de llanto inexplicable,
accidentes con sangre,
un fracaso evidente
—otro día que pasa—
en su intento de hablar.

Como si la asamblea de los dioses,
perpleja por la mucha vanidad
del poeta que cree saber algo
de la naturaleza de las cosas,
allí donde más duele, le hostigara.
Le rompiera un espejo.

Para minarlo, para que comprenda
que no debe volver a empecinarse.

Pero aquí estamos otra vez.

La vibración del mundo

Aparece si tú nos lo señalas.
Lo que sea, cualquier cosa que llame
tu atención. Todo es nuevo,
puede estar al alcance de tu dedo,
que es ahora tu idioma.

Se crean los objetos otra vez
porque tú nos obligas a mirarlos.
Y el terreno de juego
—los cielos, las corrientes,
la vibración del mundo—.

A veces, incluso,
aquello que se deja de ver cuando
nos hacemos mayores
e intentamos ponerle nombre.

VÍSPERA DE SAN JUAN

Dos ejemplares portentosos
de álamo me sirven
para decirte en voz alta obviedades
que alguno escuchará: sobre crecer
siempre en el sitio, sobre las raíces
que cada día son más fuertes
aunque nada sepamos desde fuera.

Que para ser gigante
hay que vivir oculto
en medio de otros árboles.

Estamos refugiados del calor
y de los hospitales
en el jardín botánico.

No entiendes de qué hablo,
como tampoco creo que recuerdes
nunca que hace unos días intentamos
rescatar a un gurriato malherido
que murió entre mis manos
tras una noche en vela.

Pero hemos de perseverar,
por ti y por nosotros.
Vamos a arborecer
cantando esta lección:
que todo lo que hagamos cuenta.

EL DÍA LOGRADO

Las abejas han ido elaborando
esa miel de final de tarde
que solo nos dan junio
y las obligaciones que terminan.

Nos vamos hacia casa,
con la desordenada comitiva,
felices por el nuevo avistamiento.

Es la hora de hacer recuento:
enseñar a los niños que se mide
el tiempo por la miel,
que mañana madrugan las abejas.

Hoy ha venido el mundo a reponerse
con nosotros al parque.
Hoy se ha tomado el día libre.

CENTÉSIMAS

Hemos estado cerca
de logros que parecen importantes,
de objetivos sensatos,
de creer que teníamos
solución a la vida.

Quizá no lleguen nunca.
Tenemos lo demás, igual que todos;
en verdad, cuanto puede haber tenemos.
Y estamos aprendiendo a congregarlo.

Varias veces al día, por ejemplo,
esa risa que viene del presente.

Que raja, que colapsa la humedad.

Pero que, cuando asienta,
cuando vuelve a extenderse un horizonte,
ha ordenado las cosas.

Legado

Estos anocheceres de verano
que olían a los siglos del futuro,
a unidades de tiempo privativas
que llegaban despacio, caminando;
esta luz que no puede originarse
en el mismo lugar que la mirada;
este peso del cielo
que empujaba absorbente desde abajo,

son el primer legado
que, sin saber muy bien cómo explicártelo,
pasará de las nuestras a tus manos.

Serán en ti animales obedientes
y en nosotros cristales de bolsillo.

Río aguas limpias

Sumergidos los pies en agua helada
que sirve la montaña,
sin vacío, sin forma estable,
hechos del material que no es aún materia,
buscando en cada paso piedras firmes,
se hace presente el tiempo recorrido.

Hay, además, los pies del hijo,
hechos de carne hecha
de aquello que sus padres han perdido.

Al final de la larga marcha,
que siempre es un umbral,
sobre nuestros empeines
aprende a caminar sin un camino.

SENTIDO

Descubrir los aviones tras las nubes,
levantar las más blancas de las piedras,
reunir las bellotas derramadas
con sus correspondientes cascabillos.
Hacer rodar los coches de madera
sobre bancos manchados con arcilla.
Recolectar las piñas por calibre,
buscarle una salida al hormiguero.

Contemplarse las manos,
libres por un momento de tareas.

¿Para qué hemos venido, si no?

EL MUNDO TERMINADO

DESAYUNO

No quiero que conozcas
las metáforas bélicas:
combatir el invierno,
batallar contra el cáncer.

No te hablaré de Dios
sino de lo sagrado:
cada gota de savia,
cada brizna de carne.

Te diré, les diré si me preguntan,
acabados los años:
aprender a ir cerca,
aprender a volver;

no desaprovechar
las iluminaciones:
esa sonrisa tuya
con un muñeco mío
de Tintín en las manos.

Física epicúrea

Hoy nos ha conversado,
en el pretil de piedra,
un frío atardecer francés
de ciudad de provincias
al pie de las montañas.

La luz copiaba cuerpos;
se tocaban la luz y el aire azul,
con sus manos hermanas de las nuestras.

Se han quedado estas horas
para siempre contigo.
Te mueves con los átomos
que han ido desprendiendo.

En la sangre, en los huesos
notarás cada réplica
con un lento temblor.

Que te recordará lo decisivo
que es el atardecer,
que se queme la luz
hasta dejar cenizas.

Insectos gigantes

El mundo está bien hecho porque lo hizo mi padre
ÁNGEL GRACIA

Suena *Easy skanking*,
de Bob Marley, en nuestros altavoces.
Sigiloso y eléctrico,
el coche se desliza
por las calles estrechas
de la urbanización costera
esquivando la sombra de mansiones
a las que no podremos aspirar.
Cada poco ilumina peatones
que quedan por segundos atrapados,
multiplicados sus brazos y piernas
como insectos gigantes,
en la tela de araña de los faros.
Sin querer, vas durmiéndote
mecido por badenes reductores.
Las once de la noche. Mes de agosto.

Te prometo que vamos
a intentar lo posible
para tener el mundo terminado
cuando lo necesites.

Zaragoza, Broto, Fiscal,
Sallent de Gállego, Pau y Cambrils.
Septiembre 2020-agosto 2023

Notas y deudas

El término *humuvia*, del poema «Llueve sobre los concesionarios de las afueras», lo propone el poeta Antonio Carvajal como alternativa al menos delicado *petricor*, para designar al olor de la tierra que recibe lluvia después de una larga sequía.

El título del poema «No estaba lejos, no era difícil» proviene del libro homónimo de Joan Margarit (2011).

Los versos centrales de «Muy pocas cosas» los tomo de José Hierro, y parafrasean el programa educativo y vital que recoge en su célebre poema «Mis hijos me traen flores de plástico».

El título del poema «El día logrado» viene de Martín López-Vega y su «Otro ensayo sobre el día logrado» (*Egipcíaco*, 2021).

Las revistas *Turia, Casapaís, Caracol Nocturno* y *El Papagayo Verde*, así como las antologías *Tiempo mío sin mí. Homenaje a José Hierro de poetas y pintores* (Santander, 2022) y *Humuvia* (Granada, 2024), recogieron poemas de este libro cuando todavía eran inéditos. Mil gracias a sus responsables y consejos editoriales.

ÍNDICE

EL MUNDO TERMINADO

Este libro se terminó de imprimir
en septiembre de 2025

RIL® editores • España

europa@rileditores.com

Se utilizó tecnología de última generación que reduce el impacto medioambiental, pues ocupa estrictamente el papel necesario para su producción, y se aplicaron altos estándares para la gestión y reciclaje de desechos en toda la cadena de producción.